Claude-Achille Debussy
(1862-1918)

Children's Corner
and
Individual Pieces

für Klavier · for piano · pour piano

Urtext

Children's Corner L 113 • Le coin des enfants • Kinderecke

Docteur Gradus ad Parnassum
1. Modérément animé — *p égal et sans sécheresse* — 84

Jimbo's Lullaby
2. Assez modéré — *p doux et un peu gauche* — 88

Serenade for the Doll
3. Allegretto ma non troppo — *pp très léger et gracieux* — 91

The Snow is Dancing
4. Modérément animé — *pp doux et estompé* — 96

The Little Shepherd
5. Très modéré — *p très doux et délicatement expressif* — 100

Golliwogg's Cake-walk
6. Allegro giusto — *f* — 102

The Little Nigar (Cake-walk) L 114
Allegro giusto — *f très rythmé* — 106

Hommage à Joseph Haydn L 115
Mouv^t de Valse lente — *p doux et expressif* — *p* — 108

La plus que lente L 121
Lent (Molto rubato con morbidezza) — *pp* — 112

Berceuse héroïque L 132
Modéré (sans lenteur) ♩ = 72 — *pp grave et soutenu* — 117

[Pièce sans titre] L 133
p — *dim.* — 121

Élégie L 138
Lent et douloureux — *p mezza voce, cantabile espress.* — 122

Danse bohèmienne

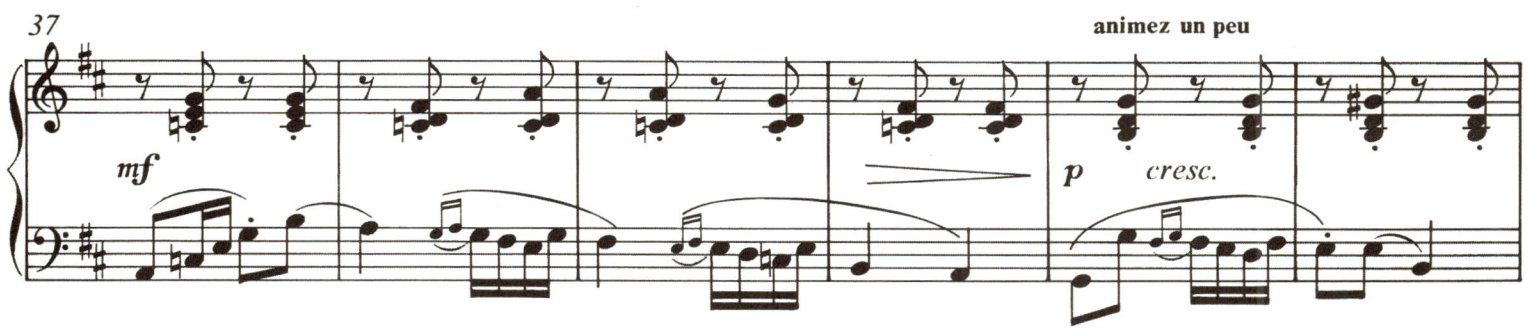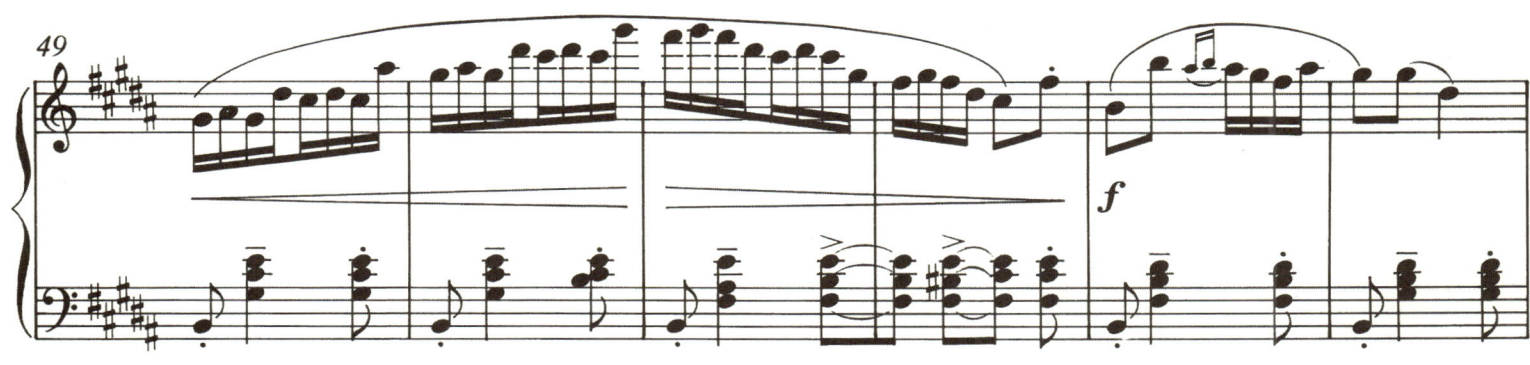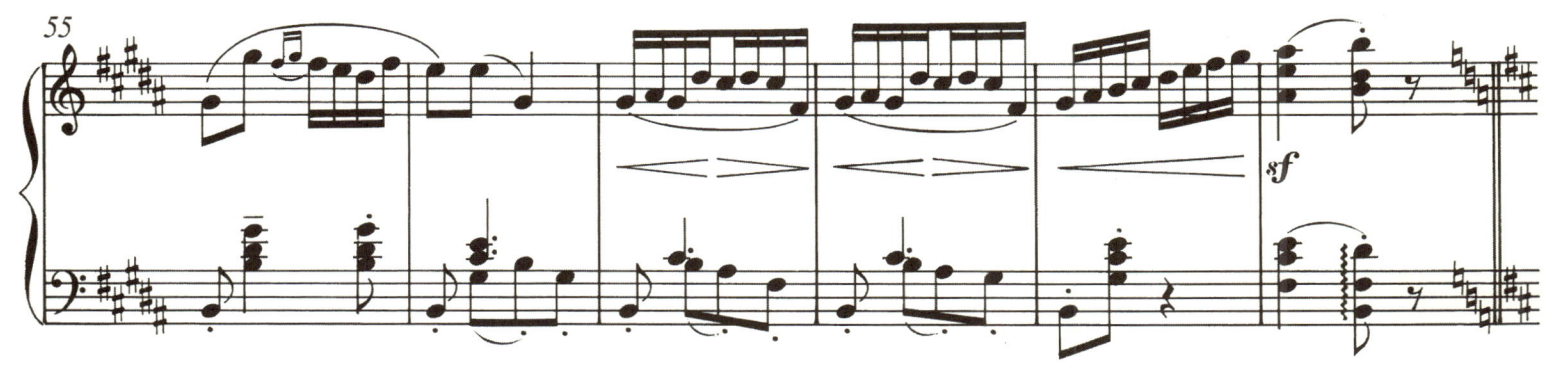

2 Arabesques

L 66
1888-1891

Mazurka

Rêverie

à Mme Ph. Hottinguer

Tarantelle styrienne
(Danse)

L 69
1890

à Mme Ph. Hottinguer

Ballade
(Slave)

L 70
1890

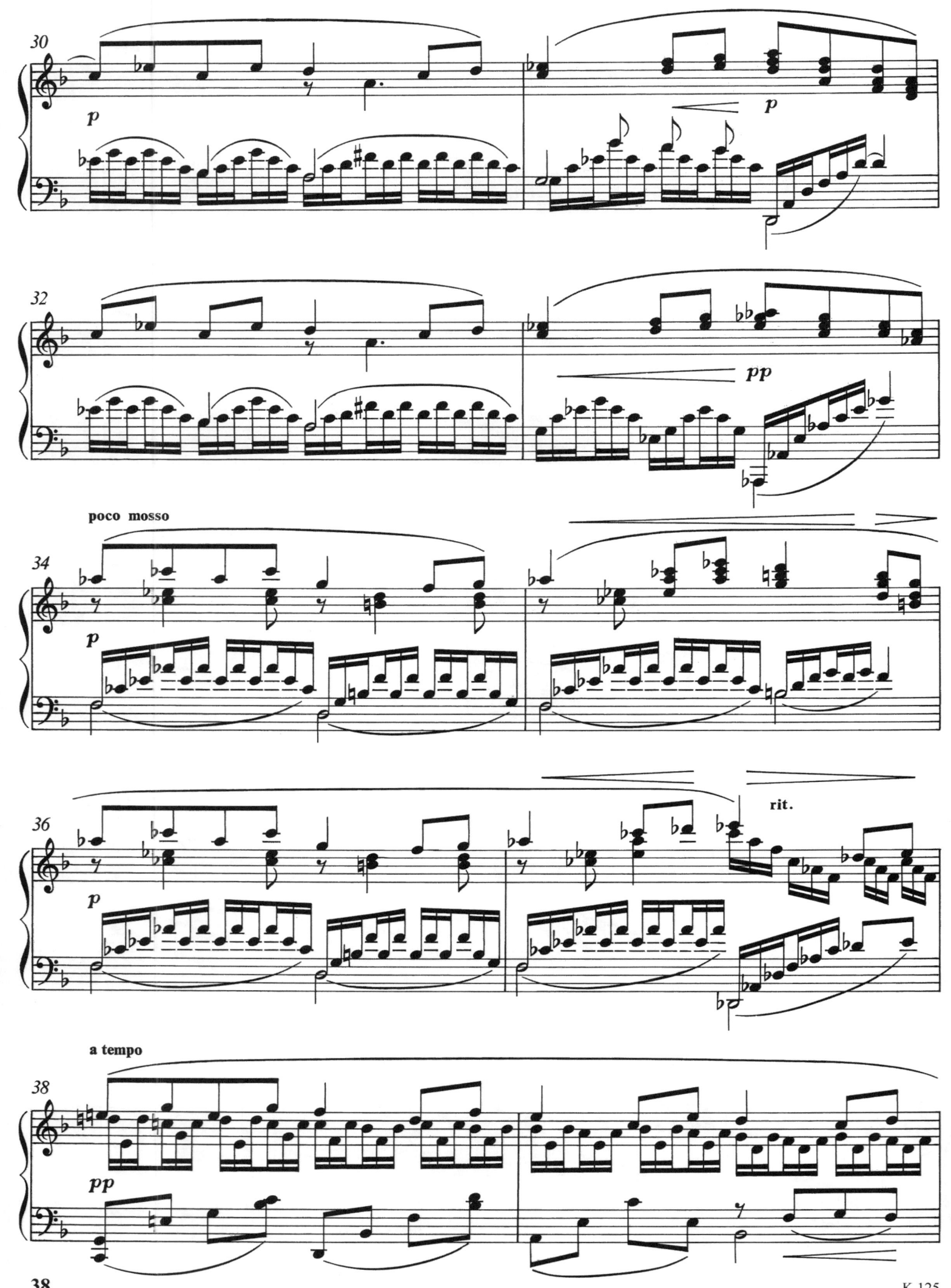

à Mlle Rose Depecker

Valse romantique

L 71
1890

Nocturne

D'un cahier d'esquisses

Masques

L'isle joyeuse

Pièce pour piano
(Morceau de concours)

L 108
1904

"A ma chère petite Chouchou, avec les tendres excuses de son père pour ce qui va suivre"

Children's Corner

L 113
1906-1908

1. Docteur Gradus ad Parnassum

2. Jimbo's Lullaby

3. Serenade for the Doll

Allegretto ma non troppo

* Il faudra mettre la pédale sourde pendant toute la durée de ce morceau, même aux endroits marqués d'un *f*. (Debussy)
 (Always with *sordino* except sections marked by *f*.)
 (Immer mit *sordino*, ausgenommen die mit *f* bezeichneten Stellen.)

4. The Snow is Dancing

Modérément animé

5. The Little Shepherd

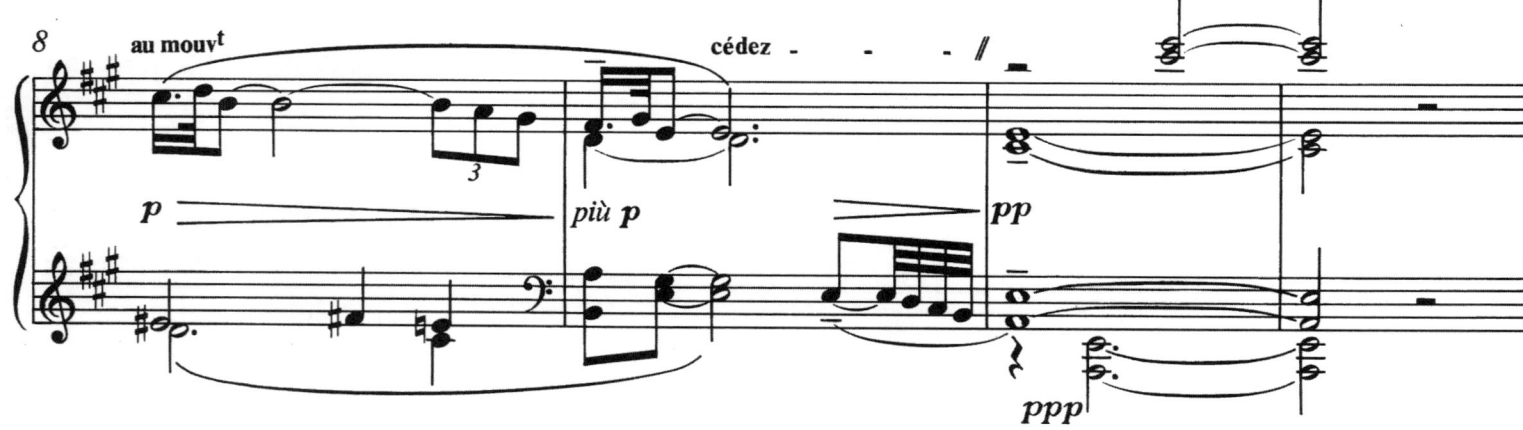

6. Golliwogg's Cake-walk

The Little Nigar
(Cake-walk)

Hommage à Joseph Haydn

La plus que lente

"*Pour rendre Hommage à S.M. le roi Albert I*er *de Belgique et à ses soldats*"

Berceuse héroïque

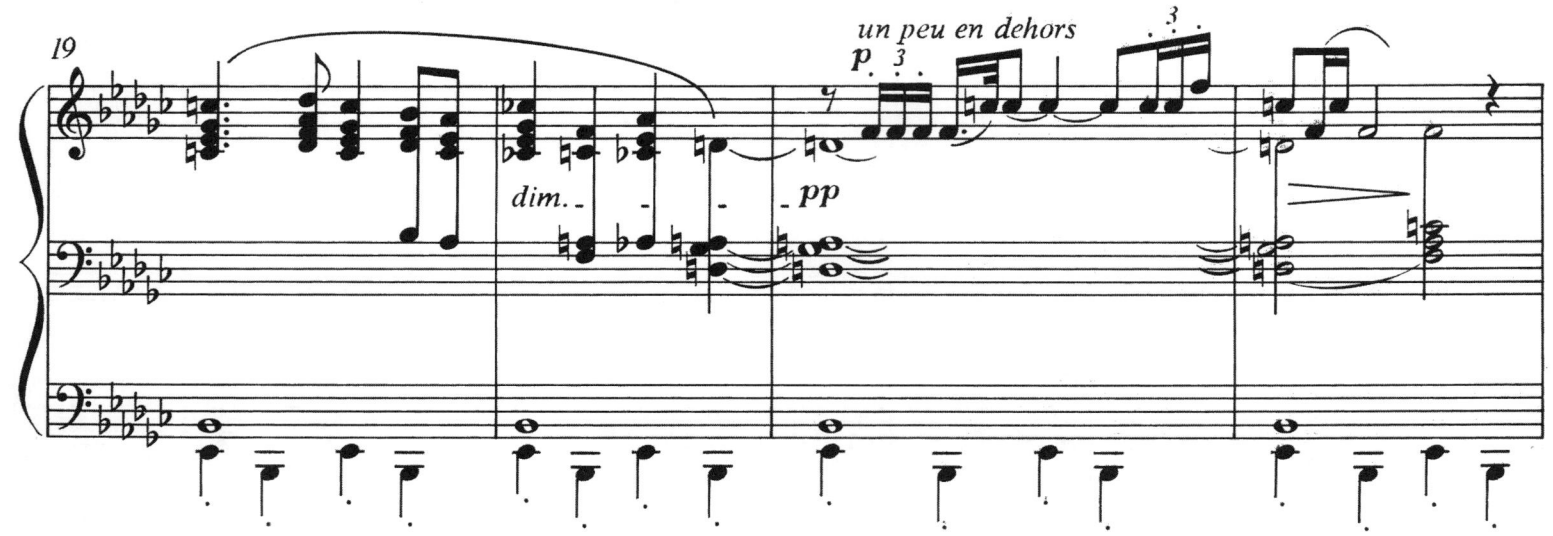

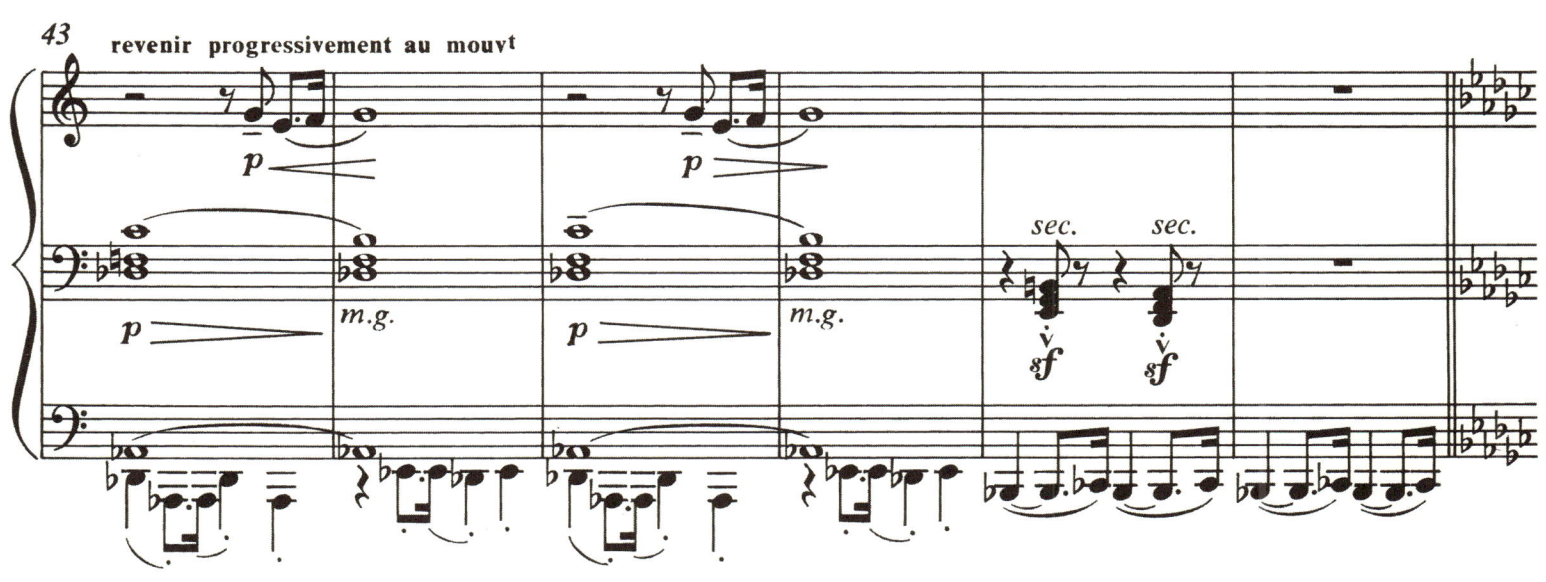

pour l'œuvre du "Vêtement du blessé"

[Pièce sans titre]

 **MUSICA PIANO**

**OVER 25.000 PAGES OF PIANO
MUSIC SHEETS ONLINE**

Bach, Beethoven, Brahms, Chopin, Czerny,
Debussy, Gershwin, Dvořák, Grieg, Haydn,
Joplin, Lyadov, Mendelssohn-Bartholdy, Mozart,
Mussorgsky, Purcell, Schubert, Schumann,
Scriabin, Tchaikovsky and many more

KÖNEMANN

© 2018 koenemann.com GmbH
www.koenemann.com

Editor: Zoltán Kocsis
Responsible co-editor: István Máriássy
Technical editor: Desző Varga
Engraved by Kottamester Bt., Budapest

critical notes available on www.frechmann.com

ISBN 978-3-7419-1452-2

Printed in China by Reliance Printing